essentials

Essentials liefern aktuelles Wissen in konzentrierter Form. Die Essenz dessen, worauf es als „State-of-the-Art" in der gegenwärtigen Fachdiskussion oder in der Praxis ankommt. Essentials informieren schnell, unkompliziert und verständlich

- als Einführung in ein aktuelles Thema aus Ihrem Fachgebiet
- als Einstieg in ein für Sie noch unbekanntes Themenfeld
- als Einblick, um zum Thema mitreden zu können.

Die Bücher in elektronischer und gedruckter Form bringen das Expertenwissen von Springer-Fachautoren kompakt zur Darstellung. Sie sind besonders für die Nutzung als eBook auf Tablet-PCs, eBook-Readern und Smartphones geeignet.

Essentials: Wissensbausteine aus Wirtschaft und Gesellschaft, Medizin, Psychologie und Gesundheitsberufen, Technik und Naturwissenschaften. Von renommierten Autoren der Verlagsmarken Springer Gabler, Springer VS, Springer Medizin, Springer Spektrum, Springer Vieweg und Springer Psychologie.

Julius Kuhl • Alexandra Strehlau

Handlungspsychologische Grundlagen des Coaching

Anwendung der Theorie der Persönlichkeits-System-Interaktionen (PSI)

 Springer VS

Prof. Dr. Julius Kuhl
Universität Osnabrück
Deutschland

Dipl.-Psych. Alexandra Strehlau
Esens
Deutschland

ISSN 2197-6708
ISBN 978-3-658-06474-7
DOI 10.1007/978-3-658-06475-4

ISSN 2197-6716 (electronic)
ISBN 978-3-658-06475-4 (eBook)

Die Deutsche Nationalbibliothek verzeichnet diese Publikation in der Deutschen Natio-
nalbibliografie; detaillierte bibliografische Daten sind im Internet über http://dnb.d-nb.de
abrufbar.

Springer VS

Gedruckt auf säurefreiem und chlorfrei gebleichtem Papier

Springer VS ist eine Marke von Springer DE. Springer DE ist Teil der Fachverlagsgruppe
Springer Science+Business Media
www.springer-vs.de

Vorwort

Unsere Ausführungen zu den handlungspsychologischen Grundlagen des Coaching liefern einen Beitrag zum Gesamtwerk „Coachingwissen: Denn sie wissen nicht, was sie tun?", herausgegeben von Bernd Birgmeier im VS Verlag für Sozialwissenschaften. Das Buch setzt sich mit der Frage auseinander, welche theoretischen und wissenschaftlichen Erkenntnisse für Coaching grundlegend sind. Führende Wissenschaftler und Praktiker zeigen die Bedeutung und Funktion wissenschaftlicher und theoretischer Grundlagen im Coaching auf.

In diesem überarbeiteten Beitrag wird die Persönlichkeits-System-Interaktions-Theorie (PSI-Theorie) dargestellt, mit der verschiedene Persönlichkeitstheorien, wissenschaftliche Befunde und neurobiologische Grundlagen zu einer Theorie der willentlichen Handlungssteuerung verbunden werden. Coaching fördert die Entwicklung der Selbststeuerungsfähigkeiten des Klienten, die für die Lösung eines Problems oder die Erreichung eines (meist) beruflichen Ziels bedeutsam sind. Mit Hilfe der PSI-Theorie können nicht nur Prozesse der Selbststeuerung theoretisch erklärt werden, sondern sie bietet auch eine Grundlage dafür, das professionelle Handeln im Coaching systematisieren und erklären zu können.

Inhaltsverzeichnis

Was macht eine „gestandene" Persönlichkeit aus? Was sind die entscheidenden persönlichen Kompetenzen? Zwei Aspekte sind besonders wichtig: Erstens, dass jemand seine Absichten und Ziele im Großen und Ganzen verwirklichen kann. Es geht dabei nicht um kognitives oder fachliches Wissen, sondern um die Umsetzungskompetenz, d. h. um die Frage, ob eine Person realistische – prinzipiell realisierbare – Vorsätze auch dann bilden kann, wenn die Durchführung Überwindung kostet oder sonstwie „anstrengend" erscheint. Das meinen wir oft im Alltag, wenn wir jemanden „willensstark" nennen.

Zweitens gehört zu einer gestandenen oder gereiften Persönlichkeit, dass sie Absichten und Ziele bildet, mit denen sie sich wirklich identifizieren kann und die mit ihren eigenen Bedürfnissen und Werten, aber auch mit den Bedürfnissen und Werten ihrer sozialen Umgebung, abgeglichen sind. Das ist gemeint, wenn wir sagen, jemand wisse, was er wolle und sei selbstkongruent und authentisch. Das Gegenteil von Selbstkongruenz ist durch Begriffe wie *Fremdkontrolle* und *Entfremdung (Alienation)* und u. U. auch Selbstkontrolle gekennzeichnet. Entfremdung und Fremdkontrolle (vgl. Freuds Begriff der *Introjektion*) sind durch die Verfolgung von Zielen charakterisiert, die nicht zum eigenen Selbst, also nicht zu den eigenen Bedürfnissen, Werten und Lebenserfahrungen passen. Dabei handelt es sich um Ziele, die „von außen" kommen und von der Person mehr oder weniger unbewusst übernommen werden (beispielsweise der Berufswunsch, der eher die Eltern glücklich macht als die Person selbst). Es können aber auch Ziele verfolgt werden, die nicht ursprünglich von Außenstehenden stammen, sondern von der Person selbst gebildet und hartnäckig verfolgt werden, ohne dass sie zu den eigenen Bedürfnissen passen. Wie kommt es dazu?

Wenn eine Person kein gutes Gespür für sich selbst und die eigenen Bedürfnisse hat, fällt es ihr schwer, Entscheidungen zu treffen und Absichten zu bilden, die selbstkongruent sind. Dieses Gespür kann zum Beispiel dadurch beeinträchtigt

J. Kuhl, A. Strehlau, *Handlungspsychologische Grundlagen des Coaching*, essentials, DOI 10.1007/978-3-658-06475-4_1, © Springer Fachmedien Wiesbaden 2014

werden, dass die Person über längere Zeit viel „Selbstkontrolle" betrieben hat, d. h.
ihre Bedürfnisse zugunsten von bestimmten (vernünftigen) Zielen und Aufgaben
zurückgestellt hat. So kann sich die Selbstkontrolle vom eigenen Selbst abkoppeln
und auf die Dauer zu Entfremdung führen: Plötzlich hat man nach einer längeren
Phase, in der viel gearbeitet und erreicht werden musste, Urlaub und weiß gar nicht,
was einem jetzt gut tun könnte.

Allerdings darf nicht übersehen werden, dass ein gewisses Maß an Selbst- und
Fremdkontrolle kann auch dann adaptiv sein, wenn eigene Bedürfnisse unterdrückt
werden: Zum Einen kann die Selbstkontrolle der für das Individuum unverzichtba-
ren sozialen Einbindung dienen, zum Anderen kann sie zu einem wichtigen Motor
für die Selbstentwicklung werden (die Auseinandersetzung und probeweise An-
passung an zunächst selbstfremde Erwartungen, Werte und Bedürfnisse ist eine
Gelegenheit den eigenen Erfahrungshorizont zu erweitern). Diese Zusammenhänge sind weitgehend bekannt (zusf. Deci und Ryan 2000), lassen aber viele Fragen
nach den zugrundeliegenden Prozessmechanismen offen, von deren Beantwortung
wiederum Fortschritte in der praktischen Nutzung der hier tangierten Zusammenhänge erwartet werden können. Die PSI-Theorie beruht auf einem solchen Versuch,
vor dem Hintergrund der Fortschritte der Kognitions-, Persönlichkeits- und Neu-
ropsychologie die zugrundeliegenden Prozesse und Funktionen so weit zu erklären,
dass neue Impulse für die Praxis abgeleitet werden können.

Die PSI-Theorie geht von der Annahme aus, dass *Selbstkongruenz* in der Bildung der eigenen Absichten und *Selbststeuerungseffizienz* („Willensstärke") im Umsetzen von Absichten von dem Wechselspiel zwischen vier psychischen Systemen abhängt. In einem beeinträchtigten Wechselspiel zwischen bestimmten Systemen liegen die Ursachen für viele Coaching-Anliegen, so dass die vier Systeme in diesem Beitrag genauer betrachtet werden sollen.

2.1   Intentionsgedächtnis (IG)

Im Intentionsgedächtnis werden Pläne und Absichten gespeichert, es ist zuständig für die Repräsentation und Aufrechterhaltung von Absichten. Es arbeitet analytisch, logisch und Schritt für Schritt (*sequenziell*). So ist es optimal darauf eingerichtet, geplante Handlungsschritte vorzubereiten. Das ist besonders dann wichtig, wenn Absichten nicht sofort umgesetzt werden können, weil eine passende Gelegenheit fehlt oder ein Problem gelöst werden muss. Die Konfrontation mit Schwierigkeiten, Hindernissen oder Zielkonflikten führt zu einer Aktivierung des Intentionsgedächtnisses, weil das Ziel so lange aufrechterhalten werden muss, bis eine Lösung oder eine passende Gelegenheit gefunden worden ist.

Das Intentionsgedächtnis ist ein intelligentes (wir sagen: „hochinferentes") System, dessen bewusste und sprachliche Anteile wahrscheinlich durch den linken präfrontalen Cortex unterstützt werden. In grafischen Darstellungen des Modells symbolisieren wir das Intentionsgedächtnis durch die Farbe Rot: Sie signalisiert wie eine rote Ampel das „STOP": Hier muss erst geplant und nachgedacht werden, bevor gehandelt werden kann. Zum Intentionsgedächtnis gehört auch tatsächlich die Hemmung der Verbindung zum Verhaltenssteuerungssystem dazu (Kazén et al.

J. Kuhl, A. Strehlau, *Handlungspsychologische Grundlagen des Coaching*, essentials,
DOI 10.1007/978-3-658-06475-4_2, © Springer Fachmedien Wiesbaden 2014

2008). Wenn diese Hemmung nicht funktioniert, wird das Verhalten zu impulsiv und unüberlegt. Wenn sie aber unüberwindbar ist, kann es zum Aufschieben oder „Vergessen" der Absichtsausführung kommen (Prokrastination).

Erwähnenswert ist an dieser Stelle, dass es natürlich auch unbewusste („implizite") Absichten gibt, die nicht ins Intentionsgedächtnis geladen werden müssen. Das Flow-Erleben ist ein bekanntes Beispiel dafür, dass viele handlungssteuernden Absichten nicht bewusst werden, solange die auftretenden Herausforderungen und Schwierigkeiten buchstäblich „von selbst" bewältigt werden können. Ist das nicht mehr der Fall, kann es von Nutzen sein, explizite Absichten zu bilden, die dann aber bis zur Ausführung das Intentionsgedächtnis belasten (damit man sie nicht „vergisst") und dadurch Handlungshemmung erhöhen, die zur Vermeidung vorschnellen Handelns, zum Problemlösen, zur Sicherung umsichtiger und gut durchdachter Entscheidungen oder zur Schaffung eines Zeitfensters zum Planen oder Warten (z. B. auf eine günstige Ausführungsgelegenheit) nützlich sein kann. Wie wir noch sehen werden, muss diese Handlungshemmung im richtigen Moment wieder aufgehoben werden (z. B. durch Fremd- oder Selbstmotivierung).

2.2 Intuitive Verhaltenssteuerung (IVS)

Wenn eine Absicht umgesetzt werden soll, muss der Zugang zur Verhaltenssteuerung hergestellt werden: Die Hemmung der Verbindung zwischen IG und IVS muss aufgehoben werden. Das IVS ist für die Ausführung von Absichten optimiert. Klienten, die im Coaching von Aufschiebeverhalten berichten, denen es also nicht gelingt, ihre Ziele umzusetzen, haben Schwierigkeiten damit, nach der Bildung von Zielen den Zugang zur Verhaltenssteuerung wieder herzustellen.

Die Intuitive Verhaltenssteuerung ist nicht nur aktiv bei der Umsetzung von Absichten, sondern auch bei der Ausführung automatisierter Handlungsabläufe und Verhaltensroutinen, d. h. bei Handlungen, die ohne die Bildung von Absichten und ohne gründliche Planung ausgeführt werden können. Intuitive Verhaltensprogramme kommen im so genanntem „Small Talk" zum Einsatz oder überhaupt, wenn Menschen sich intuitiv „synchronisieren" (Stern 2006). In der Kommunikation, besonders beim Small Talk, ist es sinnvoll, nicht allzu viele bewusste Absichten zu bilden und auszuführen, sondern eher intuitiv und spontan zu agieren. Wenn in der zwischenmenschlichen Kommunikation immer wieder bewusste Absichten gebildet werden, wird das Verhalten vom Gesprächspartner oft als „unecht" oder „aufgesetzt" erlebt (z. B.: „Ich sage der Person jetzt, dass sie eine hübsche Jacke trägt, damit sie mich sympathisch findet"). Durch die Intuitive Verhaltenssteuerung wird

Verhalten „sensu-motorisch" gesteuert. Das bedeutet, dass trotz der für aufeinander folgende Handlungsschritte notwendigen sequenziellen Verarbeitung aufeinander folgender Handlungsschritte eine Vielzahl von reiz- und reaktionsbezogenen Informationen auch simultan, d. h. parallel (nicht-sequenziell) in einem gemeinsamen neuronalen Netzwerk verarbeitet werden muss, was in Echtzeit erfordert, dass die verhaltenssteuernden Reize unbewusst verarbeitet werden müssen (Rumelhart und McClelland 1986). Man kann diese parallele Verarbeitungsleistung bei gut geübten intuitiven Verhaltensweise erkennen, z. B. wenn geübte Tänzer es schaffen, auch auf einer dicht gedrängten Tanzfläche synchronisiert mit dem Rhythmus und den Bewegungen des Tanzpartners die vielen (fast) gleichzeitigen Körperbewegungen zu steuern und dabei auch Korrekturbewegungen umzusetzen, um Kollisionen mit anderen Tänzern zu vermeiden.

Der Begriff *Intuitive Verhaltenssteuerung* umfasst also mehr als in der Psychologie weit verbreitete Begriff der automatisierten Verhaltenssteuerung: Automatisierung kann auch relativ starr (und dadurch verlässlich) sein und durchaus an die *bewusste* Wahrnehmung bestimmter Auslösereize gebunden sein (Gollwitzer 1999), ohne dass eine hochsensible und blitzschnelle Berücksichtigung von Veränderungen komplexer Kontextmerkmale in die Bewegungssteuerung in „Echtzeit" eingespeist wird. Die enorme Kontextsensibilität der Intuitiven Verhaltenssteuerung macht erst aus den vergleichsweise abstrakten Handlungsabsichten („Ich möchte mit den Leuten hier in Kontakt kommen" oder „Ich möchte auf dieser Party ein paar nette Menschen kennenlernen") in der Ausführungsphase ein u. U. hoch differenziertes, dem aktuellen Kontext (zum Beispiel der aktuellen Befindlichkeit des Mitarbeiters, seiner Reaktionen, der Umgebung und dem eigenen inneren Zustand) angepasstes Verhalten. Die Intuitive Verhaltenssteuerung ist damit eine kontextsensible Ergänzung des Intentionsgedächtnisses. Sie kann aber auch bei weitgehend „unbewussten" Absichten eingesetzten, wie z. B. in den erwähnten Flow-Zuständen, in denen die Handlungssteuerung auch bei auftretenden Schwierigkeiten wie „von selbst" zu funktionieren scheint. Auch hier liegt eine Erklärungslücke vor, die eine Theorie, welche die zugrundeliegenden Funktionsmechanismen klären soll, erkennen und schließen sollte.

2.3 Extensionsgedächtnis (EG)

Das Extensionsgedächtnis wird in der PSI-Theorie als ein Erfahrungsnetzwerk mit einer immensen Ausdehnung („Extension") aufgefasst. Solche weit gespannten (poly-)semantischen Netzwerke scheinen mehr durch die rechte als durch die linke

Hemisphäre der Großhirnrinde unterstützt zu werden (Beeman et al. 1994; Rotenberg 2005), auch wenn sie Aspekte der eigenen Person abbilden, d. h. das „implizite Selbst" (Molnar-Szakacs et al. 2005). In der PSI-Theorie wird angenommen, dass im Extensionsgedächtnis eigene (d. h. die „Person" oder das „Selbst" berührende) Erfahrungen, Bedürfnisse und Werte gespeichert sind, allerdings nicht in einer analytischen Form, sondern in einem ganzheitlichen („konnektionistischen") Netzwerk impliziten Erfahrungswissens. Durch seine parallele Verarbeitungsform, die an die Parallelverarbeitungskomponente der Intuitiven Verhaltenssteuerung erinnert, wird die simultane Integration vieler Einzelaspekte und Randbedingungen ermöglicht. Das EG ist also ein Erfahrungssystem, das den Überblick über alle persönlichen Lebenserfahrungen liefert, die momentan relevant sein könnten. Der wichtigste Bestandteil des Extensionsgedächtnisses ist das *Selbst*: Das Selbst ist der Anteil des EG, der sich auf die eigene Person bezieht, mit ihren Bedürfnissen, Ängsten, Vorlieben, Werten, Fähigkeiten und bisherigen Erfahrungen.

Dass dieses Erfahrungswissen implizit ist und damit für das Bewusstsein nicht in vollem Maße zugänglich, stellen wir beispielsweise dann fest, wenn wir uns selbst beschreiben sollen: Man könnte einen langen Vortrag über sich selbst (oder eine geliebte Person) halten und hätte doch immer das Gefühl, es fehlte etwas.

Das Extensionsgedächtnis basiert auf einem ausgedehnten Netzwerk von Handlungsoptionen, eigenen Gefühlen und selbst erlebten Episoden. Seine parallele und ganzheitliche Verarbeitungsform arbeitet auf der höchsten erreichbaren, also der „intelligentesten" Integrationsebene und ermöglicht deshalb die gleichzeitige Berücksichtigung und Integration vieler Einzelaspekte, die für komplexe Entscheidungen und für das gegenseitige Verstehen von Menschen relevant sein können (was jedoch weitgehend unbewusst abläuft). Vor diesem Hintergrund wird verständlich, dass das Extensionsgedächtnis und das implizite Selbst eine ganz andere, kreativere und umsichtigere, Art von Entscheiden und Planen ermöglicht als das sequenziell-analytische, bewusste logische Denken (Engel und Kuhl 2014), welches mehr durch die linke Hemisphäre vermittelt wird als das „rechtshemisphärische" ganzheitliche Erfahrungsnetzwerk (Deglin und Kinsbourne 1996).

Wenn man einen Menschen wirklich verstehen will, reicht es nicht, sich nur auf ein Detail zu konzentrieren, z. B. auf das, was eine Person im Augenblick inhaltlich sagt. Ein ganzheitlicher Blick auf die Komplexität und Geschichte der Person mit allen positiven und negativen Seiten ermöglicht erst wirkliches *Verstehen* ohne eine Reduktion der Person auf einen bestimmten Aspekt. Echte persönliche Begegnungen, die durch ein umfassendes gegenseitiges Verstehen geprägt sind, aktivieren das Extensionsgedächtnis und das Selbst. Die Tiefe und Art dieser Ebene des Verstehens ist natürlich für verschiedene Beziehungskontexte unterschiedlich (z. B. in der Partnerschaft, zwischen Lehrer und Schüler, Therapeut und Klient, Coach und Coachee, etc.).

Das ganzheitliche Fühlen, das auch in C. G. Jungs Persönlichkeitstheorie eine zentrale Rolle spielt, wird als Teil des Extensionsgedächtnisses (EG) aufgefasst, weil in diesem großen Netzwerk nicht nur ganzheitlich-intuitives Erfahrungswissen abgespeichert ist, sondern auch die positiven und negativen Erfahrungen, aus denen dieses Wissen gewonnen wurde: Das EG ist das einzige Erkenntnissystem, das Gefühle, auch widersprüchliche, simultan verarbeiten und integrieren kann. Das ist der Grund, warum der Zugang des EG zur Selbstwahrnehmung so wichtig ist für die Regulation von Gefühlen. Dass das EG ein funktionales Netzwerk mit der Wahrnehmung und Regulation von Gefühlen bildet, wird zusammen mit den oben zitierten Hemisphärenbefunden durch Forschungsergebnisse unterstützt, die zeigen, dass die rechte Hemisphäre direkter und umfassender mit dem autonomen Nervensystem und der Körperwahrnehmung vernetzt ist (z. B. Dawson und Schell 1984; Wittling 1994). Mit negativen Erfahrungen werden Menschen erst dann nachhaltig fertig, wenn sie sie buchstäblich an „sich" heran lassen, d. h. mit dem Selbstsystem konfrontieren. Das ist allerdings nicht allein durch Reden und Analysieren erreichbar: Probleme analysieren hilft selbst dann oft nicht, wenn man wirklich tröstliche und sinnstiftende Argumente gefunden hat.

Neuroanatomische Nähe erleichtert die Zusammenarbeit neuronaler Netzwerke (Sporns et al. 2004). Zusammenfassend lässt sich deshalb das in der PSI-Theorie für das Extensionsgedächtnis und das implizite Selbst postulierte funktionale Netzwerk aus den neurobiologischen Befunden über Hemisphärenasymmterien wie folgt begründen: Die sprechfähige und analytische linke Hemisphäre hat weit weniger Einfluss auf die Gefühle und den Körper als die rechte Hemisphäre (Bechara 2000, S. 295–397; Wittling 1990, S. 457–470). Die rechte Hemisphäre, die auch für das Erkennen ausgedehnter Zusammenhänge relevant sein soll (Bowden et al. 2005, S. 322–328), ist dadurch auch wichtig für die Wahrnehmung selbstrelevanter, sinnstiftender Zusammenhänge (Molnar-Szakacs et al. 2005, S. 2000–2006) und kann diese direkt zur Emotionsregulation einsetzen (Levesque et al. 2003, S. 502–510). Im Coaching kann man zur Förderung dieses Netzwerks der emotions- und körperbezogenen Selbstwahrnehmung (des EG) die emotionale und somatische Verankerung von Zielen intensivieren (Storch und Krause 2007). Das EG kann auch dadurch aktiviert werden, dass man statt direkter Aufforderungen indirekte Anregungen oder mehrere Wahlmöglichkeiten anbietet, oder dadurch, dass man differenzierte Meinungsäußerungen erbittet, die das analytische Entweder-oder-Denken des Absichtsgedächtnisses überfordern (z. B. „Wie stark ist ihr Ärger über den Chef gestern gewesen, wenn sie ihn auf einer Skala von 1–10 ausdrücken wollten?") statt Schwarz-Weiß-Reaktionen („Ich bin total sauer"). Die systemische

Therapie und Beratung bietet besonders viele weitere Anregungen, die das Extensionsgedächtnis aktivieren (Bamberger 2001, S. 296–300). Um auch das integrierte (implizite) Selbst zu aktivieren und seine Entwicklung zu fördern, finden sich in personzentrierten Psychotherapie Ansätze wichtige Anregungen (Gilligan 2012; Längle 2008; Rogers 1961).

Das Extensionsgedächtnis ist besonders wichtig für komplexe Entscheidungen, in denen viele Randbedingungen berücksichtigt werden müssen, für das ganzheitliche Verstehen anderer Menschen und für die Bewältigung negativer Erfahrungen. Selbstentwicklung ist zwar auch möglich, ohne dass schwer integrierbare negative Erfahrungen bewältigt werden müssen. Gemäß der PSI-Theorie ist Selbstwachstum durch positive Erfahrungen allerdings auf eine Lernform beschränkt, die Piaget Assimilation genannt hatte: Bei der Assimilation werden bestehende Erfahrungsnetzwerke (z. B. ein Schema) schrittweise erweitert, indem sie an neue Gegebenheiten angepasst werden (z. B. wenn ein Baby, das gelernt hat, nach Bällen zu greifen, allmählich lernt auch Stäbe zu ergreifen). Bei der Akkommodation werden bewährte Schemata in einem mehr oder weniger großen Lernschritt (oder -sprung) stark umgebaut (z. B. wenn das Baby nach vielen vergeblichen Versuchen das Wasser in seiner Badewanne zu „greifen" das Greifschema in ein Schöpfschema umwandelt). Analoge „Lernsprünge" werden auf der Ebene des impliziten Selbst durch die Bewältigung negativer Erfahrungen (z. B. Fehler, Misserfolge, schmerzliche Schicksalsschläge) ermöglicht („akkommodatives Selbstwachstum"). Die PSI-Theorie geht davon aus, dass diese Form des Erfahrungslernens einen dialektischen Austausch des Selbst (bzw. des Extensionsgedächtnisses) mit einem anderen Erkenntnissystem erfordert, das die Negativerfahrung zunächst einmal aus dem Gesamtkontext herauslöst, sozusagen um die Gefahren- oder Schmerzquelle möglichst genau identifizieren zu können: Man kann logischerweise eine negative Erfahrung erst dann ins Erfahrungsnetzwerk integrieren, wenn man sie vorher wahrgenommen hat.

2.4 Objekterkennungssystem (OES)

Das bewusste Wahrnehmen *einzelner* Sinneseindrücke und Erfahrungen, die aus dem Gesamtkontext herausgelöst werden, wird durch das Objekterkennungssystem ermöglicht. Es rückt isolierte Aspekte der Innen- oder Außenwelt in den Vordergrund und lenkt die Aufmerksamkeit besonders auf Neuartiges, Unerwartetes oder auf Fehler. Von „Objekten" spricht man im Alltag dann, wenn man nicht die ganze Komplexität einer Person oder Sache sieht, sondern nur Einzelheiten, die aus dem

Zusammenhang herausgelöst sind (deshalb wehren sich Menschen auch dagegen, als „Objekte" gesehen zu werden). Das Herauslösen eines Objekts (d. h. einer Einzelheit) aus dem Gesamtzusammenhang ist aber wichtig, wenn Gefahren bemerkt und später in ganz anderen Zusammenhängen wieder erkannt werden sollen. Deshalb verbindet sich die Objekterkennung dann, wenn eine ängstliche Stimmung vorherrscht, gern mit einer besonderen Beachtung von Einzelheiten, die Gefahren signalisieren oder irgendwie unerwartet oder unstimmig sind. Daher sprechen wir auch von der „unstimmigkeitssensiblen Objekterkennung". Wenn dieses System bei einem Menschen besonders häufig aktiviert wird, dann kann er geradezu ein *Unstimmigkeitsexperte werden*: Er bemerkt jeden Fehler und findet jedes Haar in der Suppe.

Negative Stimmungen aktivieren das Objekterkennungssystem in Verbindung mit einer besonderen Sensibilität für Unstimmigkeiten und potenzielle Gefahrensignale: Der Gesamtüberblick geht verloren und der Fokus der Aufmerksamkeit verengt sich auf ein Detail (Christianson und Loftus 1991; Easterbrook 1959). So wichtig es aber ist, Gefahrensignale erst einmal aus ihrem Kontext herauszulösen, so wichtig ist es auch, die vielen Einzelerfahrungen (Objekte) immer wieder auch in größere Zusammenhänge einzugliedern, sie also in das Extensionsgedächtnis zu integrieren: Die Kritik des Chefs sorgt zunächst für negative Stimmung, wird dann in den Erfahrungsschatz des Extensionsgedächtnisses integriert (Was lerne ich daraus?) und damit relativiert, weil es nun in Relation zu anderen Erfahrungen gebracht werden kann (eine Kritik ist z. B. nicht mehr so niederschmetternd, wenn man nicht nur sie, sondern auch frühere positive Rückmeldungen auf dem Schirm hat). Gelingt es einer Person nicht, diese Einzelerfahrung in das Extensionsgedächtnis zu integrieren, ärgert sie sich möglicherweise noch lange über die Kritik des Chefs und über sich selbst, ohne die Kritik zu relativieren und aus der Erfahrung zu lernen. Das Objekterkennungssystem ist dementsprechend ein wichtiger „Lieferant" von immer neuen Lernerfahrungen für das Extensionsgedächtnis und das Selbstsystem, das im Verlauf der Lebenserfahrung immer umfassendere Zusammenhänge erkennt. Wir kommen auf diesen Austausch zwischen Objekterkennungssystem und Extensionsgedächtnis zurück. Er ist für das persönliche Wachstum (*Selbstentwicklung*) von entscheidender Bedeutung.

Die Objekterkennung löst wichtige Objekte aus dem Zusammenhang, während das Extensionsgedächtnis darauf spezialisiert ist, Objekte in größere Zusammenhänge einzufügen. Dieser Antagonismus ist durchaus nützlich: Wenn das Extensionsgedächtnis einen Überblick über Handlungsoptionen, eigene Wünsche, Bedürfnisse und alle möglichen Lebenserfahrungen vermitteln soll, zum Beispiel bei einer wichtigen Entscheidung, dann ist es sinnvoll, dass alle irrelevanten und unerwünschten Einzelwahrnehmungen aus dem Objekterkennungssystem unterdrückt werden. Sonst könnte man sich nie auf das, was einem momentan wichtig ist, konzentrieren. Eine gute Entscheidung fiele beispielsweise nicht leicht, weil der Blick auf das große Ganze und die eigenen Gefühle durch viele unwichtige Einzelheiten erschwert wäre. Wenn es hingegen wichtig ist, auf Einzelheiten und Unstimmigkeiten zu achten, z. B. beim Korrekturlesen, dann ist es von Vorteil, dass das Extensionsgedächtnis gehemmt ist. Andernfalls würde man eher auf die Gesamtzusammenhänge und die beim Lesen entstehenden Gefühle achten und Fehler allzu leicht übersehen.

2.5 Modulationsannahmen: Die Interaktion zwischen den vier Systemen

Wie lassen sich die beiden bislang erläuterten Systeminteraktionen fördern? Welche Prozesse unterstützen das Zusammenspiel zwischen Intentionsgedächtnis und Intuitiver Verhaltenssteuerung als Grundlage der Umsetzungskompetenz und die Kommunikation zwischen Objekterkennung und Extensionsgedächtnis als Grundlage für das (akkommodative) Selbstwachstum? Eine Kernannahme der PSI-Theorie besagt, dass positive und negative Affekte die Aktivierung der psychischen Systeme modulieren. Umgekehrt haben auch die psychischen Systeme eine modulatorische Wirkung auf Affekte. Wie sieht das im Einzelnen aus?

1. *Modulationsannahme (Willensbahnung: Interaktion zwischen Intentionsgedächtnis und Intuitiver Verhaltenssteuerung).* Die Intuitive Verhaltenssteuerung wird durch positiven Affekt aktiviert. Wenn man sich gut und sicher fühlt („positiver Affekt"), dann handelt man einfach spontan und intuitiv, ohne viel nachzudenken und zu planen. Dann fließt die Unterhaltung, ohne dass man ständig überlegt, was man damit erreichen will oder was man als nächstes sagen soll. Schwierige oder unangenehme Absichten macht man sich dagegen nur bewusst, wenn man den Verlust von positivem Affekt, den jede unangenehme Situation mit sich bringt, eine Weile aushalten kann (Frustrationstoleranz): Die Dämpfung positiven Affekts, wie sie bei einer Konfrontation mit einer schwierigen oder unangenehmen Aufgabe auftreten kann, reduziert die Bahnung des beabsichtigten Verhaltens (weil dazu ja nach dem oben Gesagten positiver Affekt relevant ist). Gleichzeitig wird damit das Intentionsgedächtnis aktiviert. Das ist gut, wenn man die Absicht nicht vergessen will, bis man sie ausführen kann, d. h. bis z. B. eine günstige Ausführungsgelegenheit auftaucht (z. B.

dass ein unmotivierte Mitarbeiter, den der Vorgesetzte mit seinem Leistungs-abfall konfrontieren will, aus dem Urlaub zurück kommt). Wenn man aber nicht ständig über unerledigte Absichten nachgrübeln will, sondern auch etwas Geeignetes tun will, dann muss man im richtigen Moment positiven Affekt generieren, d. h. ermutigt werden oder sich selbst motivieren. Die experimentelle Bestätigung dieser Annahme reicht von der Beseitigung der Stroop-Interferenz durch positive Vorreize (Kuhl und Kazén 1999) bis zum Nachweis analoger Willensbahnungseffekte im Alltag (Oettingen et al. 2001).

2. *Modulationsannahme (Selbstentwicklung: Interaktion zwischen Extentionsge-dächtnis und Objekterkennungssystem)*. Das Herauslösen einzelner Objekte aus ihrem Zusammenhang und die Beachtung von Unstimmigkeiten und Fehlern werden durch negativen Affekt verstärkt. Man sieht dann unter Umständen nur noch das, was nicht passt oder ungute Gefühle auslöst, aber nicht die anderen vielen Einzelheiten und positiven Erfahrungen, die die gerade im Fokus der Aufmerksamkeit stehende negative Einzelheit *relativieren*. Wenn es gelingt, negativen Affekt wieder unter eine kritische Schwelle zu regulieren, dann spürt man sich selbst wieder, wird also ganz wörtlich „selbst-bewusster" und hat dann den ausgedehnten Überblick über die vielen Erfahrungen, Handlungs-möglichkeiten und kreativen Einfälle, die das Extensionsgedächtnis anzubieten hat. Eine der experimentellen Bestätigungen dieser Annahme ist die Beseitigung der *Selbstinfiltration*, die darin besteht, dass Menschen, die eine negative Stim-mung nicht herunterregulieren können, häufig Erwartungen, Wünsche oder Instruktionen anderer für die eigenen halten (Kuhl und Kazén 1994).

Emotionale Dialektik im Coaching: Willensbahnung und Selbstentwicklung 3

Aus den beiden Modulationsannahmen lässt sich eine für die Coachingpraxis wichtige Schlussfolgerung ziehen: *Persönlichkeitsentwicklung* funktioniert umso besser, je besser die relevanten psychischen Systeme zusammenarbeiten. Die Zusammenarbeit zwischen zwei Systemen funktioniert am besten, wenn man gegensätzliche Gefühle selbst regulieren kann (emotionale Dialektik). Die Ursache und damit den Ansatzpunkt für Coaching-Anliegen findet man in den meisten Fällen, wenn man die Interaktion zwischen den psychischen Systemen und die damit verbundenen Affekte betrachtet.

> Ein Beispiel: Ein 32jähriger Manager formulierte als Coachingziel, er wolle seine Arbeit besser schaffen. Er berichtete davon, dass er sich Tagesziele setze, die er am Abend fast nie erfüllt habe. Er bemerke selbst, dass er viele Aufgaben aufschiebe. Dadurch sammle sich die Arbeit an, und er erlebe oft ein Gefühl der Frustration.

Es wird deutlich, dass diesem Problem eine Beeinträchtigung in der Interaktion zwischen Intentionsgedächtnis und Intuitiver Verhaltenssteuerung zu Grunde liegt. Die Absichten im Intentionsgedächtnis (Tagesziele) werden nicht mit Hilfe der Intuitiven Verhaltenssteuerung ausgeführt. Wenn die Aktivierung des Intentionsgedächtnisses zu stark wird, kann es wegen der damit verbundenen Hemmung der spontanen Ausführung (IVS) zu einem ständigen Aufschieben geplanter Vorhaben, zu einer notorischen Vergesslichkeit, bis hin zu einer allgemeinen Schwunglosigkeit oder gar zur Depression kommen (Kuhl 2005b). Um von der Planung in die Ausführung zu gelangen, muss positiver Affekt generiert werden. Dies war für den Klienten schwierig: Er war so stark fixiert auf seine Ziele, dass er nicht auf Handlungsmöglichkeiten achten konnte und ihm Energie verloren ging. Im Coaching wurden Möglichkeiten erarbeitet, den eigenen Schwung wieder zu fördern. Die Tagesziele wollte der Klient zum Beispiel künftig in Kategorien einteilen („Das möchte ich heute schaffen" und „Das mache ich, wenn noch Zeit ist"), wobei der Klient daran arbeitete, hier realistische Ziele zu bilden. Diese Strategie entlastete

J. Kuhl, A. Strehlau, *Handlungspsychologische Grundlagen des Coaching*, essentials, DOI 10.1007/978-3-658-06475-4_3, © Springer Fachmedien Wiesbaden 2014

sein Intentionsgedächtnis, in dem vorher so viele Absichten gespeichert waren, dass für eine solche Menge nicht genügend Energie bereitgestellt werden konnte. Durch diese Entlastung war es einfacher, mit der Bearbeitung der Aufgaben zu beginnen. Darüber hinaus bewirkte die neue Tageszielliste, dass der Klient Erfolgserlebnisse hatte und damit nicht mehr so einseitig frustriert war. Auch dies gab ihm neuen Schwung. Zusätzlich lässt sich auch die so genannte Kontrastierungstechnik einsetzen, bei der Klienten pendeln zwischen positiven Vorstellungen, die mit dem Gedanken an die Zielerreichung verbunden sind, und einer Imagination der nächsten (auch der unangenehmen) Schritte, die auszuführen sind (Oettingen et al. 2001). Eine besonders effektive Methode zur Steigerung der „Implementierungsrate" (Ausführen von Intentionen) ist das sogenannte ZRM-Training, bei dem eigene Zielvorstellungen mit emotional positiv besetzten Bildern (z. B. ein Adler oder ein Segelschiff) und dazu passenden ganz persönlichen metaphorischen Beschreibungen der inneren Haltung zu dem eigenen Ziel (Mottoziel) verknüpft werden (Storch und Krause 2007). Der Erfolg der Zielumsetzung lässt sich vor allem darauf zurückführen, dass das Selbst der Person schon bei der Bildung und Formulierung des Ziels aktiviert und einbezogen wird.

In dem im vorigen Absatz erwähnten Fallbeispiel bewegte sich das Anliegen des Klienten im Bereich der Willensbahnung, also der Interaktion zwischen Intentionsgedächtnis und Intuitiver Verhaltenssteuerung. Wie wichtig dieses System-Interaktion gerade im Business-Bereich ist, zeigt eine Untersuchung von 53 Unternehmensgründern (Koetz 2006): Untersucht wurde, welche Variablen bei Unternehmensgründern den Erfolg vorhersagten. Es zeigte sich, dass die Fähigkeit zur Durchsetzungsbereitschaft („Machtmotivation"), also die Kompetenz, bei Schwierigkeiten sich gegenüber anderen durchzusetzen, entsprechende Absichten zu bilden und diese umzusetzen, die Umsatzentwicklung der Unternehmensgründer am besten vorhersagte. Diese Fähigkeit wurde mit Hilfe eines Tests erhoben, der die Ausführung einer schwierigen Absicht erfordert (EMOSCAN®). In diesem Test wird die von dem amerikanischen Psychologen Stroop in den 30iger Jahren entwickelte Aufgabe verwendet, bei Farbwörtern, die in einer nicht mit dem Farbwort übereinstimmenden Farbe geschrieben sind, die Farbe zu benennen, in der sie geschrieben sind (beispielsweise ist das Wort ROT in grüner Schrift geschrieben). Das ist nicht leicht, weil wir normalerweise den Impuls verspüren, ein Wort zu lesen (man möchte also in dem genannten Beispiel spontan „rot" sagen). Diese Gewohnheit muss man bei dieser Aufgabe unterdrücken, weil man ja nicht das Farbwort lesen, sondern die Farbe, in der es gedruckt ist, benennen soll (in dem Beispiel ist „grün" die richtige Reaktion). Hier ist also ein kleiner „Willensakt" nötig, um die richtige Reaktion zeigen zu können (Kuhl 2005a). Der berühmte Stroop-Effekt zeigt, dass ein solcher Willensakt, auch wenn man ihn bewusst gar nicht bemerkt,

Zeit kostet: Die Reaktionszeiten sind bei inkongruenten Farbwörtern (z. B. wenn ROT in grüner Schrift gedruckt ist) länger als bei kongruenten Farbwörtern oder anderen Vergleichsreizen (z. B. eine Folge von XXXX in grüner Schrift). Diese Aufgabe wurde verwendet, um die Auswirkung von Vorreizen (*primes*) auf die Bahnung von Willensakten zu überprüfen (Kuhl und Kazén 1999). In der Untersuchung wurden vor jeder Stroop-Aufgabe bestimmte Primes (Vorreize) aus den Motivbereichen *Beziehung, Durchsetzung* (Macht) und *Leistung* gezeigt. Es stellte sich heraus, dass Unternehmensgründer, die die schwierige Absicht des Benennens der Farbe schnell umsetzen konnten, wenn Vorreize verwendet wurden, die mit Schwierigkeiten im Durchsetzungsbereich zu tun hatten (z. B. „sich vornehmen, Stärke zu zeigen"), einen signifikant höheren Umsatzzuwachs vom ersten zum zweiten Unternehmensjahr hatten als Unternehmer, die nach Wörtern, die an schwierige Durchsetzungsvorsätze erinnerten, keine Willensbahnung zeigten.

Sehr häufig haben Coaching-Anliegen ihre Ursache auch im Bereich der Selbstkongruenz oder Selbstentwicklung. Wann immer es im Coaching beispielsweise um Entscheidungsschwierigkeiten, Stress, zwischenmenschliche Konflikte oder Work-Life-Balance geht, ist ein erschwerter Zugang zum Extensionsgedächtnis oder speziell zum Selbstsystem nahe liegend.

> Ein Beispiel: Eine 41jährige Berufsschullehrerin beschrieb im Coaching, unter permanentem Stress zu leiden, sich ausgebrannt zu fühlen, und sie klagte über Kopf- und Nackenschmerzen. Sie fühle sich, als laufe sie ständig „im Hamsterrad" und fände sich auch nach den Wochenenden oder Ferien nicht erholt. Sie wisse, irgendetwas müsse sie anders machen, wisse aber nicht, was. Das wolle sie im Coaching herausfinden.

In diesem Fall ist es plausibel anzunehmen, dass die Interaktion zwischen Objekterkennungssystem und Extensionsgedächtnis nicht gut funktioniert: Die Klientin spürt „permanent" negativen Affekt in Form von Stress. Ihr gelingt es nicht, den Stress zu relativieren, ihn dadurch herabzuregulieren und sich zu entspannen. Durch den beeinträchtigten Kontakt zum Extensionsgedächtnis mit seinem breiten Überblick über eigene Erfahrungen und Bedürfnisse fällt es ihr schwer, Veränderungsmöglichkeiten zu entdecken und herauszufinden, was sie braucht. Im Coaching wurde das Extensionsgedächtnis mit Hilfe verschiedener Methoden aktiviert: Es wurde mit den bereits beschriebenen Skalierungsfragen gearbeitet, aber auch mit anderen systemischen Fragen, die „den Blick erweitern" („In welchen Situationen fühlt sich das Problem nicht so belastend an? Was ist dann anders?", „Was könnte ich tun, um das Problem zu verschlimmern (zum Beispiel von 7 auf 9 Skalenpunkte)?", „Was wäre, wenn das Problem ein bisschen kleiner geworden wäre (zum Beispiel von 7 auf 5 Skalenpunkte)? Woran merke ich die Veränderung?"). Darüber hinaus wurde mit Methoden gearbeitet, die ganzheitliche Verarbeitungsprozesse anregen, zum Beispiel mit Fantasiereisen, Bilder- und Symbolarbeit, aber auch mit Methoden, die Körperwahrnehmungen einbeziehen (da Körperwahrnehmungen ja den oben berichteten Befunden zufolge zu dem funktionellen Erfahrungsnetzwerk gehören, das große (wie auch nur vage oder entfernt angedeutete) Zusammenhänge zu erkennen ermöglicht und umfassend mit dem autonomen Nervensystem verknüpft ist). Durch die Förderung des Zugangs zum Extensionsgedächtnis wurde das Gespür der Klientin für ihre eigenen Bedürfnisse sowie ihre Stressbewältigungskompetenz gestärkt.

Welche Förderungsmöglichkeiten es im Coaching zur Stärkung des Zugangs zum Extensionsgedächtnis gibt, lässt sich am besten entdecken, wenn man die wichtigsten Merkmale dieses Systems betrachtet (weitere werden erläutert bei Storch und Kuhl 2001): 1) Es arbeitet unter entspannten Bedingungen, negative Gefühle müssen also zunächst bewältigt oder herabreguliert werden, 2) es ist mit Gefühlen und Körperempfindungen vernetzt, 3) es arbeitet nicht logisch-rational, sondern ganzheitlich und integrierend (parallel statt sequenziell), 4) es ist wegen seiner großen Ausdehnung nicht bewusst kontrollierbar und deshalb besser durch Bilder oder indirekte Suggestionen und Wahlmöglichkeiten aktivierbar („Nennen Sie mindestens zwei weitere Bedeutungen, die das Lächeln ihres Chefs gehabt haben könnte, das auf sie so „verächtlich" gewirkt hat").

Die Rolle des Extensionsgedächtnisses für Life Balance und für die Bildung selbstkongruenter Ziele wurde in einer Forschungsarbeit nachgewiesen (Strehlau 2008, S. 52–63; Strehlau 2009, S. 17–21): Der Zugang zum Selbstsystem stellte sich als Grundlage für eine selbstbestimmte und als ausgewogen („balanced") wahrgenommene Lebensführung heraus. Es wurde bereits erwähnt empirisch Befunde erwähnt, die aufzeigen, dass übermäßiger negativer Affekt den Zugang zum Selbst und damit zu den eigenen Bedürfnissen hemmt: Personen, die den experimentell induzierten negativen Affekt nicht gut herab regulieren konnten („Lageorientierte"), neigten eher dazu, fremde Ziele und Meinungen für selbst gewählt zu halten, weil ihnen der Selbstzugang in der negativen Stimmung fehlte (Kazén et al. 2003). Personen, die hingegen bei induziertem negativen Affekt ihr Selbst aktivieren und damit negativen Affekt nachhaltig bewältigen konnten („Handlungsorientierte"), hatten keine Schwierigkeiten, eigene und fremde Ziele und Meinungen zu unterscheiden. Anhaltender negativer Affekt, beispielsweise verursacht durch Stress, erschwert Menschen demnach im Allgemeinen den Zugang zu ihrem Selbst und damit den Zugang zu ihren Gefühlen und Bedürfnissen und zur umsichtig-integrativen Lebensgestaltung. Die Folge kann sein, dass immer wieder Absichten gebildet und ausgeführt werden, die nicht auf den eigenen Bedürfnissen und Werten basieren- Absichten, die nicht selbstkongruent sind. Durch den fehlenden Zugang zum Selbst kann das Selbstsystem diese Ziele nicht als inkompatibel (selbstfremd) identifizieren. Für die Bildung selbstkongruenter Ziele – und damit für Life Balance – ist der Selbstzugang eine wichtige Voraussetzung, d. h. die Möglichkeit, die eigenen Bedürfnisse überhaupt zu spüren und eigene Ziele immer wieder auf Selbstkompatibilität prüfen zu können. Das eigene Leben in Balance zu halten, heißt demzufolge, auch unter Stress Selbstzugang herzustellen, „bei sich" zu bleiben und auf die eigenen Bedürfnisse zu achten.

Die Interaktion zwischen Objekterkennungssystem und Extensionsgedächtnis ist wichtig für die psychische Gesundheit und das psychische Wohlbefinden (Baumann et al. 2005; Baumann et al. 2007; Kuhl und Kaschel 2004; Strehlau 2008) und die Selbstentwicklung – und daher im Coaching ein wichtiger Ansatzpunkt. Klienten, die zu sehr im negativen Affekt feststecken, fehlt der ganzheitliche Blick und der Zugang zu ihren Erfahrungen und Bedürfnissen. Klienten, die hingegen zu sehr auf eine gelassene Stimmung festgelegt sind, bilden zwar selbstkongruente Ziele und treten ziemlich selbstbewusst auf, aber ihr Selbst bleibt ziemlich oberflächlich, es integriert zu wenig Lebenserfahrungen, besonders zu wenig schmerzhafte, aus denen man oft am meisten lernen kann: Man kann aus einem Fehler oder einer schmerzhaften Erfahrung nicht lernen, wenn man sie zu rasch verdrängt oder beschönigt. Wer dagegen die emotionale Dialektik zwischen Leidensfähigkeit und Bewältigung beherrscht, der kann schmerzliche Erfahrungen wirklich aushalten, ohne ihnen immer nur ausweichen zu müssen, und bleibt andererseits nicht in ihnen stecken, weil er zum richtigen Zeitpunkt die negativen Gefühle herunterregulieren kann und die neuen Erfahrungen in das große Netzwerk seiner Lebenserfahrung integrieren kann. Personen, die einen guten Zugang zu ihrem Selbst haben, können ihre Affekte besser regulieren (Kuhl und Beckmann 1994; Kuhl und Kazén 2003; Kuhl 2001, 2005a, b; Quirin 2005).

Entwicklungsbedingungen von Selbstregulationsfähigkeiten

4

Die beiden zentralen Kompetenzen einer „gestandenen" Persönlichkeit, die Integration neuer Erfahrungen in ein kohärentes Erfahrungssystem (Selbstentwicklung) und die Umsetzung selbst gewollter Absichten (Willensbahnung), sind von einem ausgewogenen Wechsel zwischen negativem Affekt bzw. der Dämpfung positiven Affekts und der Gegenregulierung dieser Affektlagen abhängig (emotionale Dialektik). Um also die jeweils relevanten Systeme situationsangepasst zu aktivieren und eine Kommunikation zwischen den Systemen für eine selbstkongruente Bildung und Umsetzung eigener Absichten zu ermöglichen, ist es essenziell, dass Menschen ihre Affekte aktiv steuern können. Die Fähigkeit, Affekte eigenständig zu regulieren, gehört zu den Selbstregulationskompetenzen (oder kurz: „Selbstkompetenzen").

Wie entwickeln sich selbstregulatorische Fähigkeiten? Wieso schaffen es manche Menschen sich selbst zu motivieren und andere nicht? Was passiert in einem gelungenen Coaching, wenn Menschen lernen, ihre Gefühle selbständig zu steuern?

Im Laufe der Entwicklung lernt das Selbstsystem, das ja der wichtigste Teil des Extensionsgedächtnisses ist, mit immer schwierigeren Situationen fertig zu werden. Manche Rückschläge oder gar Schicksalsschläge sind nicht so einfach mit der bislang gelernten Selbstberuhigungsreaktion zu bewältigen. Das Selbst muss immer mehr und immer weiter vernetzte Sinnstrukturen bilden, die auch ganz schwierigen oder schmerzhaften Erlebnissen etwas Positives oder Sinnhaftes abgewinnen können. Das geht umso besser, je häufiger man Beziehungen erlebt hat, in denen ein Mensch solche positiven Deutungen, Trost und Sinn vermittelt hat. Positiven Menschen zu begegnen, reicht aber nicht. Wenn ich von den guten Gefühlen, die positive Menschen in mir auslösen können, nicht zeitlebens abhängig bleiben will, wenn ich das Positive, die Ermutigung, den Trost, die Beruhigung irgendwann *selbst* produzieren können will, dann muss noch etwas passieren: Dann muss mein Selbst (d. h. das Extensionsgedächtnis) mit dem Positiven und der Beruhigung verknüpft werden.

J. Kuhl, A. Strehlau, *Handlungspsychologische Grundlagen des Coaching*, essentials, DOI 10.1007/978-3-658-06475-4_4, © Springer Fachmedien Wiesbaden 2014

Wie kann man erreichen, dass bei einem Klienten im Coaching das Selbst mit den beruhigenden oder motivierenden Impulsen der Bezugsperson dauerhaft verknüpft wird? Warum verpufft in manchen Motivationsseminaren vom „Chaka-Chaka-Typ" die Tatkraft rasch wieder, ohne eine bleibende Wirkung zu hinterlassen?

Das Gehirn bildet Verknüpfungen, wenn die zu verknüpfenden Dinge kurz hintereinander oder gleichzeitig aktiviert sind (Klassische Konditionierung). Ein Beispiel ist die Glocke, die Pawlow ein paar Mal kurz vor dem Zeigen des Futters erklingen ließ und deren Ertönen bei seinen Hunden schon nach einigen Wiederholungen dieser Prozedur dazu führte, dass ihnen das „Wasser im Mund zusammenlief". Nach ein paar Kopplungen von Glocke und Futter konnte er das Futter weglassen: Die Glocke löste die Speichelproduktion allein aus. Genauso ist es beim Lernen von Selbstregulation: Das Selbst lernt nur dann, die Beruhigung der Gefühle „von selbst", das heißt aus sich heraus, auszulösen, wenn es ein paar Mal gerade in dem Augenblick „selbst" aktiv war, als eine Person Ermutigung bzw. Beruhigung anbot. Nur wenn das Selbst des Lernenden aktiviert ist, kann die Ermutigung bzw. Beruhigung (oder sonstige Erfahrungen) ins Selbst integriert werden, so dass sie später buchstäblich von „selbst" funktioniert (als *Selbst*motivierung bzw. *Selbst*beruhigung)

Woran merkt aber die emotionsregulierende Person, dass das Selbst ihres Gegenübers aktiviert ist, damit sie die Beruhigung gelegentlich auch wirklich genau dann geben kann, wenn das Selbst aktiv ist? Das Selbst einer Person ist solange aktiviert, wie ein Mensch sich als Person ernst genommen, verstanden und angenommen fühlt (sonst wird das Selbst abgeschaltet – die Person verschließt „sich" – und kann folglich auch nicht mit noch so beruhigenden, sinnstiftenden oder motivierenden Gefühlen, die jemand bei mir auslöst, verknüpft werden).

Hier liegt der Grund dafür, dass eine noch so positive Kindheit nicht immer zu der Fähigkeit verhilft, seine Gefühle zu regulieren und dadurch persönliche Kompetenzen wie Willensstärke und Selbstkongruenz zu entwickeln. Wenn die positiven Reaktionen der Eltern nicht gut abgestimmt waren auf die Selbstäußerungen des Kindes, oder wenn sich das Kind in wichtigen Entwicklungsphasen nicht gut verstanden fühlte, dann sind die positiven Reaktionen der Eltern zwar in dem Kind gespeichert (es ist vielleicht auch oft ganz fröhlich und beschreibt seine Kindheit auch so), aber die positiven Reaktionen sind nicht mit dem Selbst verknüpft, d. h. diese Person kann als Erwachsener durchaus ein ganz umgänglicher Typ sein, aber völlig hilflos werden, wenn sie irgendein Erlebnis, das sie nicht beschönigen oder in Arbeit ertränken kann, wirklich tief trifft. Wenn das ermutigende Verhalten des jeweiligen Interaktionspartners nicht nur erfolgreich ist (d. h. positive Reaktion des affektiven Systems auslöst), sondern auch mit einem echten gegenseitigen Verstehen einhergeht (auf dem Niveau, das dem Beziehungskontext angemessen ist), dann wird die positive Reaktion des „Empfängers" verknüpft eng mit seinem Selbstsystem. Das nennen wir in der PSI-Theorie *Systemkonditionierung*: Zwei Systeme, die (hier: positive) affektive Reaktion und das Selbst, werden miteinander verknüpft.

Die Systemkonditionierung kann dazu führen, dass selbst Menschen, die in der Kindheit nicht gelernt haben, die Fähigkeit, Gefühle selbständig zu regulieren, und deshalb immer sehr stark andere Menschen zur Regulation ihrer Gefühle brauchen, in der Interaktion mit einer anderen Person, beispielsweise in einer liebevollen Partnerschaft, aber auch im Coaching, allmählich die emotionale Selbständigkeit entwickeln, die einen selbstbestimmten und beziehungsfähigen Erwachsenen ausmacht. Auf diese Weise erklärt die PSI-Theorie die Mechanismen, die einer alten Lebensweisheit zugrunde liegen: Für eine gesunde Entwicklung des einzelnen Menschen wie auch der menschlichen Gemeinschaft ist die Erfahrung *persönlicher* Wertschätzung von Ausschlag gebender Bedeutung. Die persönliche Wertschätzung öffnet das System (d. h. das Selbst), mit dem die durch die Bezugsperson ausgelösten positiven Reaktionen wie Ermutigung, Trost etc. verknüpft werden müssen, damit sie immer öfter von „selbst" reguliert werden können.

Die PSI-Theorie ermöglicht es im Coaching, mögliche Erklärungen und Ursachen für Probleme zu erschließen und auf dieser Basis Interventionen und Methoden abzuleiten. In vielen Fällen findet ein Coach sinnvolle Interventionen ganz intuitiv. Trotzdem kann das theoretische Wissen für den Coach hilfreich sein zur Systematisierung seines bisherigen Wissens. Auf Basis der PSI-Theorie ist ein Coach zudem immer in der Lage, sein Vorgehen und die Wahl seiner Methoden fundiert zu begründen und, wenn das intuitive Vorgehen einmal nicht den gewünschten Erfolg bringt, Interventionsalternativen zu finden.

Die Anwendungsperspektiven, die sich aus der PSI-Theorie ergeben, können erheblich erweitert werden, wenn Anteile der PSI-Theorie berücksichtigt werden, die in diesem Beitrag nicht behandelt werden konnten. Die PSI-Theorie integriert nicht nur die vier in diesem Kapitel behandelten Systeme mit positiven und negativen Affekten, sondern insgesamt sieben Systemebenen (Tab. 5.1): Auf jeder Systemebene sind verhaltensbahnende und meidungsorientierte Formen der Motivation sowie entsprechende Affekte und Emotionen beschrieben. Persönlichkeitsrelevante Systeme sind so weit ausgearbeitet, dass auch ihre für das Handeln relevanten Funktionen und Hilfssysteme erkennbar sind (Kuhl 2001; Kuhl 2009).

Insgesamt lassen sich im Rahmen der PSI-Theorie eine Vielzahl von Selbstkompetenzen und sie beeinflussende Persönlichkeitsmerkmale differenzieren und durch validierte psychologische Tests erfassen (Kuhl et al. 2010). Die neue Persönlichkeitsdiagnostik (EOS: Entwicklungsorientierte Systemdiagnostik) ist nicht nur umfassender als klassische Ansätze, sondern erfasst auch die für das Handeln und die Selbstentwicklung relevanten diagnostischen Informationen. Die EOS-Diagnostik folgt dem Prinzip des *lean counseling*, d. h. einer einfachen Beratung, die jedoch nicht auf Vereinfachungsillusionen beruht, die alle Erklärungslast auf ein für alle Klienten als relevant betrachtetes globales Konzept legen (positives Denken, Selbstwirksamkeit, Management by Objectives etc.). Stattdessen lässt der Coach mit

J. Kuhl, A. Strehlau, *Handlungspsychologische Grundlagen des Coaching*, essentials,   23
DOI 10.1007/978-3-658-06475-4_5, © Springer Fachmedien Wiesbaden 2014

Tab. 5.1 Die sieben Systemebenen der PSI-Theorie, auf denen verschiedene Kompetenzen und Funktionen mit der Entwicklungsorientierten Osnabrücker Systemdiagnostik (EOS) erfasst werden (je nach gewähltem Differenzierungsgrad 2–40 pro *Zeile*)

Funktionsebene	Handlungsorientiert	Erlebnisorientiert
1) Automatisches Verhalten und Erkennen[a]	Intuitive Verhaltenssteuerung (IVS) (IVS)	Unstimmigkeitssensible Objekterkennung (OES) Objekterkennung OES)
2) Temperament	Aktivierbarkeit	Erregbarkeit
3) Affekte und Anreize	Positiver Affekt	Negativer Affekt
4) Stressbewältigung	Selbstmotivierung	Selbstberuhigung
5) Motive: Kraftquellen	Macht, Leistung	Beziehung, Selbstsein
6) Denken und Fühlen	Denken	Fühlen
7) Selbststeuerung	Selbstkontrolle	Selbstregulation

Hilfe des EOS-Systems eine umfassende Analyse handlungs- und entwicklungsrelevanter Kompetenzen erstellen, die ihm dann ermöglicht, für den Klienten die Funktion zu identifizieren, bei der für ihn ganz persönlich das größte Entwicklungspotenzial liegt. Diese Prozedur ist für den Klienten mindestens so „einfach" wie die Behandlung mit einem der erwähnten globalen Konzepte. Dadurch das der Coach die für den individuellen Klienten relevanten Information aus einem hoch differenzierten diagnostischen System bezieht, kann das Vorgehen ganz an die individuellen Besonderheiten des Klienten angepasst werden. Der Umgang mit der Komplexität wird dadurch erheblich erleichtert, dass die PSI-Theorie hilft, die Vernetzung der verschiedenen Kompetenzen zu verstehen. Auf diese Weise brauchen nicht einmal alle „problematischen" Funktionen bearbeitet werden, wenn diejenige gefördert wird, die mit den anderen förderwürdigen Kompetenzen vernetzt ist.

Die auf der PSI-Theorie basierende Persönlichkeitsdiagnostik wurde in Osnabrück am Institut für Motivations- und Persönlichkeitsentwicklung (www. impart.de) entwickelt und gibt dem Coach die Möglichkeit, die Ursachen und Angelpunkte für das Anliegen des Klienten wissenschaftlich fundiert zu erfassen. Die diagnostischen Ergebnisse zeigen beispielsweise, welche Selbstregulationskompetenzen weiterentwickelt werden sollten oder welche Probleme und Ressourcen im Bereich der Motive vorliegen. Auf diese Weise kann das Coaching genau auf die Persönlichkeit des Klienten abgestimmt werden (Kuhl 2008; Ritz-Schulte et al. 2008, S. 81–111).

Literatur

Bamberger, G. G. (2001). *Lösungsorientierte Beratung* (2. Aufl.). Weinheim: Beltz.

Baumann, N., Kaschel, R., & Kuhl, J. (2007). Affect sensitivity and affect regulation in dealing with positive and negative affect. *Journal of Research in Personality, 41*, 239–248.

Bechara, A., Damasio, H., & Damasio, A. R. (2000). Emotion, decision-making and the orbitofrontal cortex. *Cerebral Cortex, 10*, 295–307.

Beeman, M., Friedman, R. B., Grafman, J., Perez, E., Diamond, S., & Lindsay, M. B. (1994). Summation priming and coarse coding in the right hemisphere. *Journal of Cognitive Neuroscience, 6*, 26–45.

Bowden, E. M., Jung-Beeman, M., Fleck, J., & Kounios, J. (2005). New approaches to desmystifying insight. *Trends in Cognitive Sciences, 9*, 322–328.

Dawson, M. E., & Schell, A. M. (1982). Electrodermal responses to attended and nonattended significant stimuli during dichotic listening. *Journal of Experimental Psychology: Human Perception and Performance, 8*, 315–324.

Deglin, V. L., & Kinsbourne, M. (1996). Divergent thinking styles of the hemispheres: How syllogisms are solved during transatory hemisphere suppression. *Brain and Cognition, 31*, 285–307.

Engel, A., & Kuhl, J. (in press). Personality and planning: The interplay between linear and holistic processing. In M. Frese & M. Mumford (Hrsg.), *Organizational planning: The psychology of performance* (working title).

Gilligan, S. (2012). *Generative trance: The experience of creative flow*. Bethel: Crown House Publishing.

Kazén, M., Baumann, N., & Kuhl, J. (2003). Self-infiltration vs. self-compatibility checking in dealing with unattractive tasks and unpleasant items: The moderating influence of state vs. action orientation. *Motivation and Emotion, 27*, 157–197.

Kazén, M., Kaschel, R., & Kuhl, J. (2008). Individual differences in intention initiation under demanding conditions: Interactive effects of state vs. action orientation and enactment difficulty. *Journal of Research in Personality, 42*, 693–715.

Koetz, E. (2006). Persönlichkeitsstile und unternehmerischer Erfolg von Existenzgründern. Dissertation, Universität Osnabrück.

Kuhl, J. (2001). *Motivation und Persönlichkeit: Interaktionen psychischer Systeme*. Göttingen: Hogrefe.

J. Kuhl, A. Strehlau, *Handlungspsychologische Grundlagen des Coaching*, essentials, DOI 10.1007/978-3-658-06475-4, © Springer Fachmedien Wiesbaden 2014

Kuhl, J. (2005a). Individuelle Unterschiede in der Selbststeuerung. In J. Heckhausen & H. Heckhausen (Hrsg.), *Motivation und Handeln* (3. Aufl., S. 303–329). Heidelberg: Springer.

Kuhl, J. (2005b). TOP-Manual zur Therapiebegleitenden Osnabrücker Persönlichkeitsdiagnostik. Unveröffentlichtes Manuskript. IMPART GmbH, Universität Osnabrück.

Kuhl, J. (2008). Braucht das Innere Team ein Gehirn? In F. Schulz von Thun & D. Kumbier (Hrsg.), *Impulse für Beratung und Therapie. Kommunikationspsychologische Miniaturen 1*. Reinbek: Rowohlt.

Kuhl, J. (2009). *Lehrbuch der Persönlichkeitspsychologie: Motivation, Emotion, Selbststeuerung*. Göttingen: Hogrefe.

Kuhl, J., & Beckmann, J. (1994). *Volition and Personality: Action versus state orientation*. Göttingen: Hogrefe.

Kuhl, J., & Kaschel, R. (2004). Entfremdung als Krankheitsursache: Selbstregulation von Affekten und integrative Kompetenz. *Psychologische Rundschau, 55*, 61–71.

Kuhl, J., & Kazén, M. (1994). Self-discrimination and memory: State orientation and false self-ascription of assigned activities. *Journal of Personality and Social Psychology, 66*, 1103–1115.

Kuhl, J., & Kazén, M. (1999). Volitional facilitation of difficult intentions: Joint activation of intention memory and positive affect removes Stroop interference. *Journal of Experimental Psychology: General, 128*, 382–399.

Kuhl, J., & Kazén, M. (2003). Handlungs- und Lageorientierung: Wie lernt man seine Gefühle zu steuern? In J. Stiensmeier-Plester & F. Rheinberger (Hrsg.), *Tests und Trends: N. F. Bd. 2. Diagnostik von Motivation und Selbstkonzept* (S. 201–219). Göttingen: Hogrefe.

Kuhl, J., Scheffer, D., Mikoleit, B., & Strehlau, A. (2010). *Persönlichkeit und Motivation im Unternehmen: Anwendung der PSI-Theorie in Personalauswahl und -entwicklung*. Stuttgart: Kohlhammer.

Längle, A. (2008) Existenzanalyse. In A. Längle & A. Holzhey-Kunz (Hrsg.), *Existenzanalyse und Daseinsanalyse* (S. 29–180). Wien: UTB (Facultas)

Lévesque, J., Fanny, E., Joanette, Y., Paquette, V., Mensour, B., Beaudoin, G., Leroux, J.-M., Bourgouin, P., & Beauregard, M. (2003). Neural circuitry underlying voluntary suppression of sadness. *Biological Psychiatry, 53*, 502–510.

Molnar-Szakacs, I., Uddin, L. Q., & Iacoboni, M. (2005). Right-hemisphere motor facilitation by self- descriptive personality-trait words. *European Journal of Neuroscience, 21*, 2000–2006.

Oettingen, G., Pak, H., & Schnetter, K. (2001). Self-regulation of goal-setting: Turning free fantasies about the future into binding goals. *Journal of Personality and Social Psychology, 80*, 736–753.

Quirin, M. (2005). Selbstsystem und Regulation negativen Affekts. Dissertation, Universität Osnabrück.

Rauen, C. (Hrsg.). (2005). *Handbuch Coaching*. Göttingen: Hogrefe.

Ritz-Schulte, G., Schmidt, P., & Kuhl, J. (2008). *Persönlichkeitsorientierte Psychotherapie*. Göttingen: Hogrefe.

Rogers, C. R. (1961). *On becoming a person: A therapist's view of psychotherapy*. Boston: Houghton Mifflin.

Rotenberg, V. S. (2004). The peculiarity of the right-hemisphere function in depression: Solving the paradoxes. *Progress in Neuro-Psychopharmacology & Biological Psychiatry, 28*, 1–13.

Rumelhart, D. E., McClelland, J. L., & The PDP Research Group. (1986). *Parallel distributed processing: Explorations in the microstructure of cognition* (Bd. 1). Cambridge: MIT press.

Sporns, O., Chialvo, D. R., Kaiser, M., & Hilgetag, C. C. (2004). Organization, development and function of complex brain networks. *Trends In Cognitive Sciences, 8*(9), 418–425.

Stern, D. N. (2006). *Der Gegenwartsmoment. Veränderungsprozesse in Psychoanalyse, Psychotherapie und Alltag.* Frankfurt: Brandes & Apsel.

Storch, M., & Krause, F. (2007). *Selbstmanagement – ressourcenorientiert* (4. Aufl.). Bern: Huber.

Strehlau, A. (2008). *Life Balance und Selbststeuerungskompetenzen. Eine Untersuchung mit Implikationen für Coaching und Beratung.* Saarbrücken: VDM.

Strehlau, A. (2009). Life balance. *Coaching-Magazin,* 1/2009, 17–21.

Wittling, W. (1990). Psychophysiological correlates of human brain asymmetry: Blood pressure changes during lateralized presentation of an emotionally laden film. *Neuropsychologia, 28,* 457–470.